Die Liebe ist eines der großen Themen im Werk von Annette von Droste-Hülshoff: von der leidvollen Erfahrung einer enttäuschten Liebe über die hoffnungsvoll-schwärmerische Liebe bis zur Hinwendung zu Religion und Mystik spannt sich der Bogen. Und in all diesen Gedichten findet sich die ausdrucksstarke und kühne Bildhaftigkeit, die so typisch ist für die Lyrik Droste-Hülshoffs und die auch den heutigen Leser noch in ihren Bann zu ziehen vermag.

Werner Fritsch hat die schönsten dieser Gedichte für die vorliegende Zusammenstellung ausgewählt.

insel taschenbuch 2876
Annette von Droste-Hülshoff
Liebesgedichte

Annette von Droste-Hülshoff
Liebesgedichte

Ausgewählt von Werner Fritsch

Insel Verlag

Umschlagabbildung: Johann Friedrich August Tischbein,
Prinzessin Friederike von Preußen, 1796. Ausschnitt.
Nationalgalerie, Berlin

insel taschenbuch 2876
Originalausgabe
Erste Auflage 2003
© Insel Verlag Frankfurt am Main und Leipzig 2003
Alle Rechte vorbehalten, insbesondere das der Übersetzung,
des öffentlichen Vortrags sowie der Übertragung
durch Rundfunk und Fernsehen, auch einzelner Teile.
Kein Teil des Werkes darf in irgendeiner Form
(durch Fotografie, Mikrofilm oder andere Verfahren)
ohne schriftliche Genehmigung des Verlages
reproduziert oder unter Verwendung elektronischer Systeme
verarbeitet, vervielfältigt oder verbreitet werden.
Text- und Bildnachweise am Schluß des Bandes
Vertrieb durch den Suhrkamp Taschenbuch Verlag
Umschlag: Michael Hagemann
Satz: Hümmer GmbH, Waldbüttelbrunn
Druck: Druckhaus Nomos, Sinzheim
Printed in Germany
ISBN 978-3-458-34576-3

2 3 4 5 6 7 – 15 14 13 12 11 10

Inhalt

O Nacht, du goldgesticktes Zelt!

Verliebt

Mutter, löse die Spangen mir!
Mich hat ein Fieber befallen.
Denn das Fenster ließest du auf,
Das immer sorglich verhängte;
Und im Garten ich Mädchen sah,
Die warfen Ringe im Kreise,
Flatternd selber, ein Blütenschnee,
Vom leichten Winde getragen.
Immer flöten nun Stimmen mir,
Und immer Spiegel mir flirren;
Blind geworden bin ich schon ganz,
Taub werd' ich nächstens werden.
Mutter, löse die Spangen mir!
Mich hat ein Fieber befallen.

Verliebt

Schilt mich nicht, du strenger Meister,
Daß im Diwan ich geträumet
Und bei des Muezzins Rufen,
Ach, nach Mittag stand gewendet.
Wisse, als ich kam vom Bade,
Als ich heimging aus den Gärten,
Schlüpfte Zillah mir vorüber,
Und den Schleier hob sie schalkhaft.

O Nacht!

O Nacht, du goldgesticktes Zelt!
O Mond, du Silberlampe!
Das du die ganze Welt umhüllst,
Und die du allen leuchtest.

Wo birgt in deinen Falten sich
Die allerreinste Perle?
Wo widerstrahlt dein träumend Licht
Im allerklarsten Spiegel?

O breite siebenfach um sie
Das schützende Gewinde,
Daß nicht der Jüngling sie erschau,

Auflodere in Flammen –;
Daß kein verblühend Weib sie trifft
Mit unheilvollem Auge,

Und, milde Lampe, schauend tief
In ihres Spiegels Klarheit,
Erblicktest du ein Bild darin?
Und war es, ach, das meine? –

Gesegnet

Wer bist du doch, o Mädchen,
Du mit dem schwarzen Schleier,
Und mit dem schwarzen Sklaven,
Der weißen Sklavin du?

Wie Sterne deine Augen
Durch deines Schleiers Nächte,
Dein Gang wie der Gazelle,
Wie Palme die Gestalt.

Gesegnet sind die Wellen
Des Bades, die dich kühlen,
Gesegnet die Gewänder,
Umschließend deine Huld.

Und siebenfach gesegnet
Der Sklave, dem du winkest,
Der deinen Tritten lauschet.
Der deine Stimme hört.

Und tausendfach gesegnet
Die Sklavin, der du lächelst,
An ihre Schulter lehnend
Dein unverschleiert Haupt.

Das Kind

Wär' ich ein Kind, ein Knäblein klein,
Ein armes, schwaches, geliebtes,
Daß die Mutter mich wiegte ein
Und süße Lieder mir sänge!
Blumen brächten die Sklavinnen auch,
Mit dem Wedel wehrten die Fliegen;
Aber Zillah, mich küssend, spräch':
»Gesegnet, mein süßes Knäbchen!«

Der Greis

Allah! laß des Greises Los
Mich nicht, des Greises, erleben!
Aus dem Haupte das Haar ihm fällt
Und des Bartes köstliche Zierde.
Ach, und Zillahs liebe Gestalt
Und Zillahs schwebende Stimme,
Kalt und fühllos stößt er's zurück,
Wie das Riff der Nachtigall Töne.

Süß

Auf den Gassen der Gärtner rief:
Kauft Trauben, kauft die Trauben!
Aber im Herzen die Furcht ihm wohnt,
Es möchte sie keiner begehren;
Sauer waren und trocken sie,
Sie hatte Meltau getötet.
Naht ihm Hassan: »Mein Gärtner, sprich,
Was willst du für deine Trauben?«
»Nimm, o Herr und koste sie,
Und habe meiner Erbarmen!«
»O wie köstlich, mein Gärtner, nimm
Und möge Allah dich segnen!«
Abend naht und der andre Tag:
»Weh mir, wie bin ich betrogen!
Hat mir gestern Zuleimas Kuß
Denn also versüßet die Lippen?«

Bezaubernd

Und wenn sie vorüber am Fenster geht,
Und fällt ihr Schatten auf die Gasse,
Da stehn die Jünglinge sinnberaubt
Und wissen nicht, was sie beginnen;
Doch in die Moschee die Derwische fliehn,
Rufend: »Allah! errett' uns!
Denn dein Feuer vom Himmel fiel,
Und mögen ihm nimmer entrinnen.«

Geplagt

Weh dem Knaben, der zwei Herrinnen hat!
Verloren ist er, verloren!
Ruft die Stimme und ruft sie dort:
»Komm, binde mir die Sandalen!
Gib' den Schleier! – Nun eile fort,
Vom Markte Narde zu holen!«
Durch die Menge irrt er umher
Wie ein armer verscheuchter Vogel,
Wie ein armes zerrißnes Gewand,
Geflickt von tausend Händen.
Wehe dem Knaben, der zwei Herrinnen hat!
Verloren ist er, verloren!

Gettreu

So du mir tätest auch Schmach und Hohn,
Nicht wollt' ich es klagen den Kindern,
Und schlügst du mir ab die rechte Hand,
Noch wollt' ich die Linke dir bieten;
So aber du nähmst das unselige Haupt,
Noch wollt' ich warnend dir rufen:
»Fernab, fernab stell', o Pascha, dich,
Daß nicht mein Blut dich besprenge;
Denn unschuldiges Blut, wen es trifft,
Der fällt in schnelles Verderben.«

Der Barmekiden Untergang

Reiche mir die Blutorange
Mit dem süßen Zauberdufte,
Sie, die von den schönsten Lippen
Ihre Nahrung hat geraubt.

Sagt' ich es nicht, o Maimuna,
Flehend, händeringend, knieend
Sagt' ich es zu sieben Malen,
Nicht zu tausend Malen dir?

»Laß, o Fürstin, diese Liebe,
Laß von dieser dunklen Liebe,
Dir die ganze Brust versengend,
Unheil bringend und Gefahr!

»Daß nicht merk' es der Kalife,
Er, der zornbereite Bruder,
Nicht den Dschafer dir verderbe
Deinen hohen Barmekiden,
Nicht den Dschafer dir verderbe,
Und dich selber, Fürstin, auch!«

Doch was ist die weise Rede
In dem liebentglühten Herzen?
Wie das Winseln eines Kindleins
In der wutentbrannten Schlacht,
Wie ein linder Nebeltropfen

In dem flammenden Gebäude,
Wie ein Licht, vom Borde taumelnd
In den dunklen Ozean.

In der Tänzerin Gewande
Schmiegen sich der Fürstin Glieder,
Um die Schultern Seide flattert,
In dem Arm die Zither liegt.

O, wie windet sie die Arme,
Hoch das Tamburin erschwingend!
O, wie wogen ihre Schritte,
Ihre reizerblühten Glieder,
Daß der Barmekide glühend
Seine dunklen Augen birgt!

Sieben Jahre sind verschwunden,
Sieben wonnevolle Jahre,
Zu den sieben drei und fünfe,
Und in den Gebirgen irrend
Zieht der Barmekiden Schar.

Mütter auf den Dromedaren,
Blind geweint die schönen Augen,
In den Armen Kindlein, wimmernd
In die lagerlose Nacht.

Über Bagdads Tor ein Geier,
Kreisend über Dschafers Schädel,
Rauscht hinan und rauscht vorüber,

Hat zur Nahrung nichts gefunden,
Als in seiner Augen Höhlen
Nur zwei kleine Spinnlein noch.

*Als das Paradies
noch erschlossen war*

Das verlorene Paradies

Als noch das Paradies erschlossen war
Dem ersten sündelosen Menschenpaar,
Kein Gift die Viper kannte, keinen Dorn
Der Strauch, der Leu und Tiger keinen Zorn,
Noch fröhlich scholl der Nachtigallen Flöte;
Da schlief an jedem Abend Eva ein
An einem Rosenstrauche, und der Schein
Von ihrer unschuldsvollen Wangenröte
Spielt' lieblich um der Blume lichten Ball;
Denn damals waren weiß die Rosen all
Und dornenlos. – Umnickt vom duft'gen Kranz,
Der überm Haupte führte lichten Tanz,
Ruhte das erste Weib, Gedanken sinnend,
Die, Embryone, schon der Gottheit Siegel
Am Haupte trugen, schon im Keime minnend
Bewegten halberschloßne Seraphsflügel;
Sie lag, den Zweig an ihre Brust gedrückt,
Denn keine Blume wurde noch gepflückt,
Bis leise sich die Wimper niederließ
Und in die Träume schlich das Paradies;
O heilig war das Weib; wer sie gesehn,
Nicht denken hätt' er können, ob sie schön,
Nur daß sie rein wie Tau und Gottes Spiegel.
Die Ros' auch lächelt selig, doch wie lange?
Hüte dich vor der Schlange! –

Am grauen Horizonte murrend stand
Der ersten Donnerwolke düstrer Rand,
Am Rosenstrauche fiel die erste Träne,
Und drüben weint' der Nachtigall Gestöhne.
Wär' dies das Bild von gestern, dieser Leib
Verhüllt in Blätterschutz? Ein arges Weib!
Das Auge kündend ein verbotnes Wissen!
Wie scheint so heiß und hart des Mooses Kissen,
Wie dunsterfüllt des Paradieses Prangen,
Und wie so seltsam brennen ihre Wangen!
Fest hielt den vollen Rosenzweig sie, fest,
Wie der Versinkende die Binse preßt,
Oder sein Lieb ein glüh Verlangen.
Ob sie entschlief? – Wohl endlich hat die Nacht
Ihr Ruhe, bleiernschweren Schlaf gebracht;
Der Regenguß, er hat sie nicht erweckt,
Des Donners Rollen sie nicht aufgeschreckt,
Ihr Haar nur flatterte im Windestosen,
Und ihr am Busen zitterten die Rosen;
Wie eine Leiche lag sie schmerzlich mild,
Zum erstenmal im Schlaf des Todes Bild;
Und als am Morgen sie die Wimper hob
Und zuckend von der Brust die Zweige schob,
Da war all ihrer Wangen lichter Schein
Gezogen in der Blumen Rund hinein,
In glüher Sehnsucht alle aufgegangen,
Zum Kusse öffnend all' den üpp'gen Mund;
Und Eva kniete weinend, ihre Wangen
Entfärbt und ihre Brust von Dornen wund.

Das vierzehnjährige Herz

Er ist so schön! – sein lichtes Haar
Das möcht' ich mit keinem vertauschen,
Wie seidene Fäden so weich und klar,
Wenn zarte Löckchen sich bauschen;
Oft streichl' ich es, dann lacht er traun,
Nennt mich »seine alberne Barbe«;
Es ist nicht schwarz, nicht blond, nicht braun,
Nun ratet, wie nennt sich die Farbe?

Und seine Gebärde ist königlich,
Geht majestätisch zu Herzen,
Zuckt er die Braue, dann fürcht' ich mich
Und möchte auch weinen vor Schmerzen;
Und wieder, seh' ich sein Lächeln blühn,
So klar wie das reine Gewissen,
Da möchte ich gleich auf den Schemel knien
Und die guten Hände ihm küssen.

Heut' bin ich in aller Frühe erwacht,
Beim ersten Glitzern der Sonnen,
Und habe mich gleich auf die Sohlen gemacht
Zum Hügel drüben am Bronnen;
Erdbeeren fand ich, glüh wie Rubin,
Schau, wie im Korbe sie lachen!
Die stell' ich ihm nun an das Lager hin,
Da sieht er sie gleich beim Erwachen.

Ich weiß, er denkt mit dem ersten Blick:
»Das tat meine alberne Barbe!«
Und freundlich streicht er das Haar zurück
Von seiner rühmlichen Narbe,
Ruft mich bei Namen, und zieht mich nah,
Daß Tränen die Augen mir trüben;
Ach, er ist mein herrlicher Vater ja,
Soll ich ihn denn nicht lieben, nicht lieben?

Junge Liebe

Über dem Brünnlein nicket der Zweig,
Waldvögel zwitschern und flöten,
Wild Anemon' und Schlehdorn bleich
Im Abendstrahle sich röten,
Und ein Mädchen mit blondem Haar
Beugt über der glitzernden Welle,
Schlankes Mädchen, kaum fünfzehn Jahr,
Mit dem Auge der scheuen Gazelle.

Ringelblumen blättert sie ab:
»Liebt er?« – »liebt er mich nimmer?«
Und wenn »liebt« das Orakel gab,
Um ihr Antlitz gleitet ein Schimmer:
»Liebt er nicht« – o Grimm und Graus!
Daß der Himmel den Blüten gnade!
Gras und Blumen, den ganzen Strauß
Wirft sie zürnend in die Kaskade.

Gleitet dann in die Kräuter lind,
Ihr Auge wird ernst und sinnend;
Frommer Eltern heftiges Kind,
Nur Minne nehmend und minnend,
Kannte sie nie ein anderes Band
Als des Blutes, die schüchterne Hinde;
Und nun Einer, der nicht verwandt –
Ist das nicht eine schwere Sünde?

Mutlos seufzet sie niederwärts,
In argem Schämen und Grämen,
Will zuletzt ihr verstocktes Herz
Recht ernstlich in Frage nehmen.
Abenteuer sinnet sie aus:
Wenn das Haus nun stände in Flammen,
Und um Hilfe riefen heraus
Der Karl und die Mutter zusammen?

Plötzlich ein Perlenregen dicht
Stürzt ihr glänzend aus beiden Augen,
In die Kräuter gedrückt ihr Gesicht,
Wie das Blut der Erde zu saugen,
Ruft sie schluchzend: »Ja, ja, ja!«
Ihre kleinen Hände sich ringen,
»Retten, retten würd' ich Mama,
Und zum Karl in die Flamme springen!«

Lied

Mägdlein auf den Blumenwiesen,
Wie so bleich?
Einer weißen, duftig süßen
Rose gleich?
Willst du deinen Schmerz mir nennen?
»Nein, ach nein!
Möcht' ihn gerne selber kennen,
Ich allein.
Was ich früher mochte achten,
All' mein Sinnen, all' mein Trachten
Kann's nicht sein.«

Willst du bunte Kränze binden?
Sieh! wie hold
Ranken hier den Stamm umwinden!
Blau und Gold
Bieten dir die Blütenauen.
»Nein, o nein!
Mag nicht mehr die Blümlein schauen,
Zart und klein.
Laß sie stehn die bunten Sterne!
Was ich hätte, ach, so gerne,
Kann's nicht sein.«

Sieh, wie der Gespielen Scharen
Sich im Nu
Dort zu raschen Tänzen paaren!

Schwebtest du
Nicht in flücht'gen Reihen gerne?
»Nein, o nein!
Tanz und Spiel mag ferne, ferne
Von mir sein!
Denn die Lust wird mir zu Schmerzen,
Was so still ersehnt im Herzen,
Kann's nicht sein.«

Mit den weißen Blütenflocken
Schmück' ich dir
Deine goldig seid'nen Locken,
Danke mir!
Freust dich nicht der hellen Zierde?
»Nein, o nein!
Gold und Schmuck sind mir zur Bürde,
Perlen fein.
Ist gleich Schönheit holde Gabe,
Meines heißen Wehes Labe
Kann's nicht sein.«

Drum in lustigen Gesängen
Wirble hell!
In den heit'ren Liederklängen
Kehret schnell
Dir die alte Lust dem Herzen.
»Nein, o nein!
Weh! Im Liede wohnen Schmerzen,
Tiefe Pein
Lockt mich mit so warmen Tönen,

Ach, und doch, was stillt dies Sehnen,
Kann's nicht sein.«

Venuswagen

Ein Rosenblatt vom Busenstrauß
Fällt vor der Herrin Schuh;
Da lacht sie in die Nacht hinaus:
»Glück zu! mein Blatt, Glück zu!
Das laß dich nicht verdrießen,
Du Blume Liebeslust,
Du liegst zu meinen Füßen,
Du liegst an meiner Brust.«

Sie spricht so wild, sie lacht voll Hohn,
Und doch so matt und weich;
Der Gatte schläft wohl lange schon,
Das Schloß steht öd' und bleich;
Der Buhle ist gegangen.
Die Wang' ist ihr so heiß.
Was will sie noch verlangen?
Ach, was sie selbst nicht weiß.

»In gold'nem Käfig fing es sich,
Das muntre Vögelein;
Jetzt stellt man Rosennetz' um mich,
Ich trete kühn hinein.
Den Gatten muß ich hassen;
O Buhle! lieb' ich dich?
Ich mag' es nimmer fassen,
Es ist so schauerlich.«

Die Bäume schütteln still das Haupt,
Es regt sich das Gesträuch;
Ein Blütenschwarm, dem Beet geraubt.
Erfüllt die Lüfte gleich;
Sich in der Locken Prangen
Ein Venuswagen fängt:
»Ach! armer Schelm, gefangen!
Schau, wie's in Schlingen hängt!«

Mit ihren Fingern goldberingt
Löst sie das Taubenpaar,
Da schwirrt es, wie die Mücke singt,
Vernehmlich durch ihr Haar:
»Ich könnte dich verraten.« –
– »Mein Gott! wer ist, der spricht?« –
Da weht es, wie durch Saaten:
»Allein ich tu' es nicht.«

Ihr schaudert und die Blume sinkt.
»Tritt ungestraft hervor!«
So ruft sie keck, ihr Auge blinkt,
Da zittert's hell empor.
»O Herrin, wende, wende,
Die Todesnacht ist heiß,
So dunkel ist das Ende,
Mein Jesu!« ächzt es leis.

Die Gräfin regt den schönen Mund,
Doch keine Lache schallt;
Sie wandelt um des Gartens Rund

Und durch des Parkes Wald;
Sie will das Haupt erheben,
– Die Stirn ist ihr so naß –
Sie steht und will nicht beben,
– Allein sie ist so blaß. –

Da zieht es wie ein Feuerstrahl
Durch die Gemächer dort.
»Was will das Licht in meinem Saal?«
Die Dame schreitet fort;
Da schlüpft's mit scheuem Tritte
Durch's blühende Revier.
Die Gräfin kennt die Schritte:
»Lenore, ich bin hier.«

»Mein Gott, wie habt Ihr lang verweilt!«
Ruft die, vor Angst noch bleich.
Da nahen Tritte: »Eilt, o eilt,
Soeben sucht man Euch.«
»Was hat man denn zu fragen,
Was gibt's zu Nacht für Not?«
»O Herrin, laßt Euch sagen,
Der alte Veit ist tot!

Oft lag er still im Todeskampf,
Oft sprach er gar nicht mehr,
Dann rief er wie aus inn'rem Krampf
So tief und hohl und schwer:
»Ich muß die Gräfin sprechen,
O ruft sie, weckt sie auf!

Eh kann mein Herz nicht brechen,
Mein Jesu!« ächzt er auf.

Man zauderte, man stand und stand,
Da griff in Wahnes Hauch
Des Alten dürre Knochenhand
Nach einem Blütenstrauch,
Den jüngst der Sturm gebrochen,
Und sprach in irren Wehn:
»Du hast noch nie gesprochen
Und kannst mich doch verstehn.«

Er sah ihn mit dem tiefen Blick
So lang und schaurig an;
Er sprach so leis in sich zurück,
Dann lag er still und sann;
Er drückt' ihn an die Wange:
»Maria, Königin!
Mein Gott, wie lange, lange!« –
Sein Leben war dahin.

»Was wollte doch der alte Mann?
Ihr habt ihm nie vertraut.«
Die Gräfin blickt sie eisig an;
Die Zofe schweigt, ihr graut.
»Ich will den Alten sehen,
Lenore, folge mir!«
Und durch das Dunkel gehen
Die beiden für und für.

Wie eine graue Aloe,
Gebrochen von der Zeit,
Die starren Blicke in die Höh',
Das war der alte Veit.
An seinen Wangen fliehen
Die Blütentauben hin,
Und blaue Vöglein ziehen
Auf weißem Grunde hin.

Wer hat gestört den Blumenzug,
Ein Taubenpaar entführt,
Dort, wo die Blüte wie im Flug
Den toten Mund berührt?
Und hätt'st du nicht geschwiegen
Vor sieben Monden scheu,
Du hättest mögen siegen,
Nun aber ist's vorbei.

Die Herrin schaut wohl unverwandt,
Doch spricht sie gar kein Wort;
Sie nimmt den Zweig aus seiner Hand,
Sie schreitet langsam fort.
»Ihr Zofen, löst den Schleier,
Das Haupt ist mir so schwer.«
Sie tändelt mit der Leier,
Allein sie singt nicht mehr.

Willst du die Herrin sehn? o schau.
Sie liegt so schön und bleich,
In ihrer weißen Hand den blau

Geheimnisvollen Zweig.
Die Tauben schweigen stille,
Der Gatte kniet und weint,
Und durch der Schleier Hülle
Die Morgenröte scheint.

Blumentod

Wie sind meine Finger so grün,
Blumen hab' ich zerrissen;
Sie wollten für mich blühn
Und haben sterben müssen.
Wie neigten sie um mein Angesicht
Wie fromme schüchterne Lider,
Ich war in Gedanken, ich achtet's nicht
Und bog sie zu mir nieder,
Zerriß die lieben Glieder
In sorgenlosem Mut.
Da floß ihr grünes Blut
Um meine Finger nieder;
Sie weinten nicht, sie klagten nicht,
Sie starben sonder Laut,
Nur dunkel ward ihr Angesicht,
Wie wenn der Himmel graut.

Sie konnten mir's nicht ersparen,
Sonst hätten sie's wohl getan;
Wohin bin ich gefahren
In trüben Sinnens Wahn?

O töricht Kinderspiel,
O schuldlos Blutvergießen!
Und gleicht's dem Leben viel,
Laßt mich die Augen schließen,

Denn was geschehn ist, ist geschehn,
Und wer kann für die Zukunft stehn?

Die Taxuswand

Ich stehe gern vor dir,
Du Fläche schwarz und rauh,
Du schartiges Visier
Vor meines Liebsten Brau',
Gern mag ich vor dir stehen,
Wie vor grundiertem Tuch,
Und drüber gleiten sehen
Den bleichen Krönungszug;

Als mein die Krone hier,
Von Händen, die nun kalt;
Als man gesungen mir
In Weisen, die nun alt;
Vorhang am Heiligtume,
Mein Paradiesestor,
Dahinter alles Blume,
Und alles Dorn davor.

Denn jenseits weiß ich sie,
Die grüne Gartenbank,
Wo ich das Leben früh
Mit glühen Lippen trank,
Als mich mein Haar umwallte
Noch golden wie ein Strahl,
Als noch mein Ruf erschallte,
Ein Hornstoß, durch das Tal.

Das zarte Efeureis,
So Liebe pflegte dort,
Sechs Schritte – und ich weiß,
Ich weiß dann, daß es fort.
So will ich immer schleichen
Nur an dein dunkles Tuch
Und achtzehn Jahre streichen
Aus meinem Lebensbuch.

Du starrtest damals schon
So düster treu wie heut,
Du, unsrer Liebe Thron
Und Wächter manche Zeit;
Man sagt, daß Schlaf, ein schlimmer,
Dir aus den Nadeln raucht –
Ach, wacher war ich nimmer,
Als rings von dir umhaucht!

Nun aber bin ich matt
Und möcht' an deinem Saum
Vergleiten, wie ein Blatt,
Geweht vom nächsten Baum;
Du lockst mich wie ein Hafen,
Wo alle Stürme stumm:
O, schlafen möcht' ich, schlafen,
Bis meine Zeit herum!

Um dich, Philippa, spielt das Licht

Die Gaben

Nie fand, so oft auch scherzend ward gefragt,
Ich einen Mann, vom Grafen bis zum Schneider,
Der so bescheiden oder so betagt,
So hülflos – keinen so Gescheiten leider,

Der nicht gemeint, des Herrschertumes Bürde
Sei seinen Schultern grad das rechte Maß.
War einer zweifelnd je an seiner Würde,
So schätzt er seine Kräfte desto baß:

Der hoffte auf der Rede Zauberbann,
Schlau aus dem Winkel wollte jener zielen;
Kurz, daß er wisse, wie, und auch den Mann,
Ließ jeder deutlich durch die Blume spielen.

Ihr Toren! glaubt ihr denn, daß Gott im Zorne
Die Großen schuf, ungleich der Menschenschar,
Pecus inane, das sein Haupt zum Borne
Hinstreckt wie weiland Nebukadnezar?

Daß, weil zuweilen unter Zotten schlägt
Ein Herz, wo große Elemente schlafen.
Deshalb, wer eine feine Wolle trägt,
Unfehlbar zählt zu den Merinoschafen?

Daß langes Schauen zweifellos erblinde,
Und wer den Fäden rastlos nachgespürt,

Daß dieser, gleich dem überreizten Kinde,
So dümmer wird, je länger er studiert?

Wer zweifelt, daß ein Herz, wie's Throne schmückt,
Gar oft am Acker fröhnt und Forstgehege,
Daß manche Scheitel sich zur Furche bückt,
Hochwert, daß eine Krone drauf man lege?

Doch ihr, des Lebens abgehetzten Alten,
Ihr innerlichen Greise, seid es nicht;
Bewahr' der Himmel uns vor eurem Walten,
Vor dem im Sumpfe angebrannten Licht!

Ihr würdet mahnen an des Fröhners Sohn,
Der, woll' ihm Gott ein Königreich verschreiben,
Für's Leben wüßte keinen bessern Lohn,
Als seine Schweine dann zu Roß zu treiben.

Katharine Schücking

Du hast es nie geahndet, nie gewußt,
Wie groß mein Lieben ist zu dir gewesen,
Nie hat dein klares Aug' in meiner Brust
Die scheu verhüllte Runenschrift gelesen,
Wenn du mir freundlich reichtest deine Hand,
Und wir zusammen durch die Grüne wallten,
Nicht wußtest du, daß wie ein Götterpfand
Ich, wie ein köstlich Kleinod sie gehalten.

Du sahst mich nicht, als ich, ein heftig Kind,
Vom ersten Kuß der jungen Muse trunken
Im Garten kniete, wo die Quelle rinnt
Und weinend in die Gräser bin gesunken;
Als zitternd ich gedreht der Türe Schloß,
Da ich zum ersten Mal dich sollte schauen,
Westfalens Dichterin, und wie da floß
Durch mein bewegtes Herz ein selig Grauen.

Sehr jung war ich und sehr an Liebe reich,
Begeisterung der Hauch, von dem ich lebte;
Ach! Manches ist zerstäubt, der Asche gleich,
Was einst als Flamme durch die Adern bebte!
Mein Blick ward klar und mein Erkennen stark,
Von seinem Throne mußte Manches steigen,
Und was ich einst genannt des Lebens Mark,
Das fühlt' ich jetzt mit frischem Stolz mein eigen.

So scheut' ich es, als fromme Schülerin,
Dir wieder in das dunkle Aug' zu sehen,
Ich wollte nicht vor meiner Meisterin
Hochmütig, mit bedecktem Haupte, stehen.
Auch war ich krank, mein Sinnen sehr verwirrt,
Und keinen Namen mocht' ich sehnend nennen;
Doch hat dies deine Liebe nicht geirrt,
Du drangst zu mir nach langer Jahre Trennen.

Und als du vor mich tratest, fest und klar,
Und blicktest tief mir in der Seele Gründe,
Da ward ich meiner Schwäche wohl gewahr,
Was ich gedacht, das schien mir schwere Sünde.
Dein Bild, du Starke in der Läutrung Brand,
Stieg wie ein Phönix aus der Asche wieder,
Und tief im Herzen hab' ich es erkannt,
Wie zehnfach größer du als deine Lieder.

Du sahst, Bescheidne, nicht, daß damals hier
Aus deinem Blick Genesung ich getrunken,
Daß deines Mundes Laute damals mir
Wie Naphtha in die Seele sind gesunken.
Ein jedes Wort, durchsichtig wie Kristall
Und kräftig gleich dem edelsten der Weine,
Schien mir zu rufen: »Auf! der Launen Ball,
Steh auf! erhebe dich, du Schwach' und Kleine!«

Nun bist du hin! von Gottes reinstem Bild
Ist nur ein grüner Hügel uns geblieben,
Den heut' umziehn die Winterstürme wild

Und die Gedanken derer, die dich lieben.
Auch hör' ich, daß man einen Kranz gelegt
Von Lorbeer in des Grabes dunkle Moose,
Doch ich, Kathinka, widme dir bewegt
Den Efeu und die dornenvollste Rose.

An Elise

Du weißt es lange wohl, wie wert du mir,
Was sollt' ich es nicht froh und offen tragen,
Ein Lieben, das so frischer Ranken Zier
Um meinen kranken Lebensbaum geschlagen?
Und manchen Abend hab' ich nachgedacht,
In leiser Stunde träumerischem Sinnen,
Wie deinen Morgen, meine nah'nde Nacht
Das Schicksal ließ aus Einer Urne rinnen.

Zu alt zur Zwillingsschwester möchte ich
Mein Töchterchen dich nennen, meinen Sprossen,
Mir ist, als ob mein fliehend Leben sich,
Mein rinnend Blut in deine Brust ergossen.
Wo flammt im Herzen mir ein Opferherd,
Daß nicht der deine loderte daneben,
Von gleichen Landes lieber Luft genährt,
Von gleicher Freunde frommem Kreis umgeben?

Und heut, am Sankt Elisabethentag,
Vereinend uns mit gleichen Namens Banden,
Schlug ich bedächtig im Kalender nach,
Welch' Heilige am Taufborn uns gestanden;
Da fand ich eine königliche Frau,
Die ihre milde Segenshand gebreitet,
Und eine Patriarchin, ernst und grau,
Nur wert um den, des Wege sie bereitet.

Fast war es mir, als ob dies Doppelbild
Mit strengem Mahnen strebe uns zu trennen,
Als woll' es dir die Fürstin zart und mild,
Mir nur die ernste Hüterin vergönnen;
Doch – lächle nicht – ich hab' mich abgekehrt,
Bin fast verschämt zur Seite dir getreten;
Nun wähle, Lieb, und die du dir beschert,
Zu der will ich, als meiner Heil'gen beten.

An Elise

Zum Geburtstage am 7. März 1845

Das war gewiß ein andrer März,
Ein Mond, den Blütenkränz' umhegten,
Als Engel dich, geliebtes Herz,
In deine erste Wiege legten;
Das war gewiß ein Tag so frei.
So frisch vom Sonnenstrahl umglommen!
Doch auch im Wintermantel sei
Er, wie der schönste, mir willkommen.

Mir ward ein schlimmrer Mond zuteil,
Um den kein Vogel je gesungen,
Nur Eiseszapfen blank und steil
Das kalte Diadem geschlungen;
Ach, anders wirken Schnee und Eis,
Und anders wohl der Sonnen Güte!
Ich steh', ein düstres Tannenreis,
Du eine zarte Veilchenblüte.

Doch fest zusammen, fest im Raum,
Gehalten in des Winters Stürmen,
Du schmücke mich zum Weihnachtsbaum,
Und ich will deine Blüte schirmen;
Dann muß uns, willig oder nicht,
Das Leben reiche Gaben zählen,
Und niemals wird das Himmelslicht,
Der Poesie Beleuchtung, fehlen.

An Elise

Zum erstenmal im fremden Land
Sucht dich mein Geist an diesem Tag,
Muß ängstlich spähen, scheu und zag,
Eh' er die liebe Schwelle fand.

Das stille Zimmer kenn' ich nicht,
In dem zu dir mein Schatten tritt
Mit leisem, losem Geisterschritt
Erdämmernd wie ein Elfenlicht.

Du schaust ihn an, er schaut seitab,
Als such' in ungebor'ner Zeit
Für seiner Treue Seligkeit
Er sich den frommen Zauberstab,

Der aus dem Keim die Blüte ringt,
Erweckt den Nachtigallenschlag
Und ach, den lieben, warmen Tag,
Der ihm sein Liebstes wiederbringt.

An Luise

Mit Sonnenschein und Veilchenblüte
Kommt heut dein Wiegenfest.
Wie sich der Frühling hold bemühte,
Wie er dich grüßen läßt!

Du selbst bist wie die Veilchenblüte;
Voll duft'ger Innigkeit
Ruht dir verborgen im Gemüte
Des Frühlings Seligkeit.

Die Poesie der Veilchenblüte,
Des Frühlings Weh und Lust,
Was uns in Sehnsuchtsschmerz durchglühte,
Es löst sich unbewußt

Bei Wiederkehr der Veilchenblüte,
Die keine Dornen scheut,
Die gleich wie deine Seelengüte
Das wunde Herz erfreut.

Ein Opferduft ist Veilchenblüte,
Wie längst begrabner Schmerz –
Ein Freudennachhall – o, behüte
Ihn wehmutsvoll, mein Herz!

Luise, liebe Veilchenblüte,
Bleib unverwelklich mir
Verarmten eine Veilchenblüte,
Mein Trost, mein Herzblatt hier!

An Philippa

Im Osten quillt das junge Licht,
Sein goldner Duft spielt auf den Wellen,
Und wie ein zartes Traumgesicht
Seh' ich ein fernes Segel schwellen;
O, könnte ich der Möwe gleich
Umkreisen es in lust'gen Ringen,
O, wäre mein der Lüfte Reich,
Mein junge, lebensfrische Schwingen!

Um dich, Philippa, spielt das Licht,
Dich hat der Morgenhauch umgeben,
Du bist ein liebes Traumgesicht
Am Horizont von meinem Leben;
Seh' deine Flagge ich so fern
Und träumerisch von Duft umflossen,
Vergessen möcht' ich dann so gern,
Daß sich mein Horizont geschlossen;

Vergessen, daß mein Abend kam,
Mein Licht verzittert Funk' an Funken,
Daß Zeit mir längst die Flagge nahm
Und meine Segel langst gesunken;
Doch können sie nicht jugendlich
Und frisch sich neben deinen breiten,
Philippa, lieben kann ich dich
Und segnend deine Fahrt geleiten.

An Sophie, Frau v. Laserre

Wie ein Strom will Ferne scheiden
Unsres Lebens ernsten Weg,
Aber stille Jugendfreuden
Bauen einen leichten Steg.
Ach, was uns die Stirn umkränzte
An der Kindheit Weihaltar,
Dort das Leben uns durchglänzte,
Dort geliebt und teuer war:
Unsrer Jugend Liebeszeichen –
Was auf Erden mag ihm gleichen?

An Frau Professor Arndts

Auf hohem Felsen lieg' ich hier,
Der Krankheit Nebel über mir,
Und unter mir der tiefe See
Mit seiner mächt'gen Klage Weh,
Mit seinem Jubel, seiner Lust,
Wenn buntgeschmückte Wimpel fliegen,
Mit seinem Dräu'n aus hohler Brust,
Wenn Sturm und Welle sich bekriegen.

Mir ist er gar ein trauter Freund,
Der mit mir lächelt, mit mir weint,
Ist, wenn er grünlich golden ruht,
Mir eine sanfte Zauberflut,
Aus deren tiefem, klarem Grund
Gestalten meines Lebens steigen,
Geliebte Augen, süßer Mund
Sich lächelnd, tröstend zu mir neigen.

Wie hab' ich schon so manche Nacht
Des Mondes Widerschein bewacht!
Die klare Bahn auf dunklem Grün,
Wo meiner Toten Schatten ziehn;
Wie manchen Tag den lichten Hang,
Bewegt von hüpfend leichten Schritten,
Auf dem mit leisem Geistergang
Meiner Lebend'gen Bilder glitten.

Und als dein Bild vorüberschwand,
Da streckte ich nach dir die Hand,
Und meiner Seele ward es weh,
Daß dir verborgen ihre Näh';
So nimm denn meine Lieder nun
Als liebesrote Flammenzungen,
Laß sie in deinem Busen ruhn
Und denk, ich hab' sie dir gesungen.

Der Traum

An Amalie Hassenpflug

Jüngst hab' ich dich gesehn im Traum
So lieblich saßest du behütet
In einer Laube grünem Raum,
Von duftendem Jasmin umblütet
Durch Zweige fiel das goldne Licht
Aus Vogelkehlen ward gesungen
Du saßest da, wie ein Gedicht,
Von einem Blumenkranz umschlungen.

Und deine liebe Rechte trug
Das Antlitz mit so edlen Sitten,
Im Sand das aufgeschlagne Buch
Schien von dem Schoße dir geglitten;
Dich lehnend an den frischen Hag
Hauchtest du flüsternd leise Küsse,
Im Auge eine Träne lag,
Wie Tau im Kelche der Narzisse.

Dich anzuschaun war meine Lust,
Zu lauschen deiner Züge Regen,
Und dennoch hätt' ich gern gewußt,
Was dich so innig mocht' bewegen?
Da bogst du sacht hinab den Zweig,
Strichst lächelnd an der Spitzenhaube,
An deine Schulter huscht' ich gleich,
Sah einen Baum in schlichtem Laube,

64

Und auf dem Baume saß ein Fink,
Der schleppte dürres Moos und Reisig,
»Schau her, schau wieder!« zirpt' er flink
Und förderte am Nestchen fleißig;
Er sah so keck und fröhlich aus,
Als trüg' er des Flamingo Kleider,
So sorglich hüpft' er um sein Haus,
Als fürcht' er bösen Blick und Neider.

Und wenn ein Reischen er gelegt,
Dann rief er alle Welt zu Zeugen,
Als müsse, was der Garten hegt,
Blum' und Gesträuch sich vor ihm neigen;
Um deine Lippe flog ein Zug,
Wie ich ihn oft an ihr gesehen,
Und meinen Namen ließ im Flug
Sie über ihre Spalte gehen.

Schon hob ich meine Hand hinauf,
Mit leisem Schlage dich zu strafen,
Allein da wacht' ich plötzlich auf
Und bin nicht wieder eingeschlafen;
Nur deiner hab' ich fortgedacht,
Sah' dich so gern am grünen Hage,
Mich dünkt, so lieb wie in der Nacht
Sah ich dich noch an keinem Tage.

Im Eise schlummern Blum' und Zweig,
Dezemberwinde schneidend wehen,
Der Garten steht im Wolkenreich,

Wo tausend schönre Gärten stehen;
So golden ist kein Sonnenschein,
Daß er wie der erträumte blinke;
Doch du, bist du nicht wirklich mein?
Und bin ich nicht dein dummer Finke?

Stammbuchblätter

I.
Mit Lauras Bilde

Im Namen eines Freundes

Um einen Myrtenzweig sich zu ersingen
Schickt seinen Schwan Petrarka Lauren nach,
Mit Lorbeerreisern füllt er das Gemach,
Doch kann er in den Myrtenhain nicht dringen.

Da zieht er durch die Welt mit hellem Klingen,
Schlägt mit den Flügeln an das teure Haus,
Man reicht ihm den Zypressenkranz hinaus,
Allein die Myrte kann er nicht erringen.

Mein Freund, wohl ist der Lorbeer uns versagt,
Doch laß uns um den schnöden Preis nicht klagen,
Von Dornen und Zypressen rings umragt.

Will es in einer Laura Blick mir tagen,
Dann hab' ich gern dem schweren Kranz entsagt,
Die kleine Myrte läßt sich leichter tragen.

II.

An Henriette von Hohenhausen

Wie lieb, o Nähe; Ferne, ach wie leid;
Wie bald wird Gegenwart Vergangenheit!
Warum hat Trauer denn so matten Schritt,
Da doch so leicht die frohe Stunde glitt?
Ach, wer mir liebe Stunden könnte bannen,
Viel werter sollt' er sein, als der vermöchte
Der trüben schlaffe Sehnen anzuspannen,
Denn Leid im Herzen wirbt sich teure Rechte,
Und wer es nimmt, der nimmt ein Kleinod mit.

Reich mir die Hand! du hast mich froh gemacht.
In öder Fremde hab' ich dein gedacht,
Werd oft noch sinnen deinem Blicke nach,
So mildes Auge hellt den trübsten Tag.
Laß Ferne denn zur Nähe sich gestalten
Durch Wechselwort und inniges Gedenken.
Reich mir die Hand! – ich will sie treulich halten,
Und drüber her mag immergrün sich senken
Der Tannenzweig, ein schirmend Wetterdach.

An die Ungetreue

Du siehst mich flehend an mit dunklen Augen,
Sei nicht so furchtsam! Sieh! Ich habe dir
Schon längst der Liebe schönen Traum verziehen,
Du konntest nicht der süßen Schuld entfliehen.
Dies fühl ich, darum nah' vertrauend mir!

Wie sollt' ich rügen deines Herzens Schwäche!
Sie goß der Götter Glück in meine Brust,
Wenn aufgelöst in glühendem Umfangen
An meinem Wink du hingst mit Glutverlangen,
Der eignen Macht dir völlig unbewußt.

O wähne nicht, daß ich mit Undank hasse,
Was mir so manche süße Stunde gab.
Den Menschen treibt ein ewiges Verlangen,
Und du, du solltest nur an *einem* hangen,
Nicht neue Wünsche hegen bis ins Grab!

Wir folgten unsres Herzens lauter Stimme,
Und eins in Liebe wurden du und ich.
Wer kann die süßen Fesseln ewig wähnen!
Es gibt auf Erden, ach, zu viel des Schönen,
Zu manches holde Bild naht liebend sich.

Drum nimm die willig dargebot'ne Rechte,
Es trübt mir, sieh, kein kind'scher Groll den Blick.

Doch siehst du einst, besiegt selbst im Besiegen,
Auch mich der fremden Schönheit Macht erliegen,
So denk an diesen Augenblick zurück.

Doppeltgänger

Kennst du die Stunden, wo man selig ist
In Schlaf und Wachens wunderlichem Segen?
's war eine Nacht, vom Taue wachgeküßt,
Das Dunkel fühlt' ich kühl wie zarten Regen
An meine Wange gleiten, das Gerüst
Des Vorhangs schien sich schaukelnd zu bewegen –
Rings tiefe Stille, der das Ohr erlag,
Doch mir im Haupt war leises Summen wach.

Mir war so wohl und federleicht zu Mut,
So schwimmend, und die Wimper halb geschlossen;
Verlorne Funken zuckten durch mein Blut,
Von leisen Lauten wähnt' ich mich umflossen;
's war eine Stunde, wo der Zeiger ruht,
Die Geisterstund' verschollner Traumgenossen,
's war eine Nacht, wo man am Morgen fragt:
Hat damals, oder hat es jetzt getagt?

Und immer heller ward der süße Klang,
Das liebe Lachen; es begann zu schwimmen
Wie Bilder von Daguerre die Deck' entlang,
Es wisperte wie jugendliche Stimmen
Wie halbvergeßner, ungewisser Sang;
Gleich Feuerwürmern sah ich Augen glimmen
Dann wurden feucht sie, wurden blau und lind,
Und mir zu Füßen saß ein schönes Kind.

Das sah zu mir empor, so ernst gespannt,
Als quelle ihm die Seele aus den Blicken,
Bald schloß es, schmerzlich zuckend, seine Hand,
Bald schüttelt' es sie, funkelnd vor Entzücken,
Und horchend, horchend klomm es sacht heran
Zu meiner Schulter – und wo blieb es dann? –

O, wären's Geisterstimmen aus der Luft,
Die sich wie Vogelzwitschern um mich reihten!
Wär' Grabesbrodem nur der leise Duft,
Der mich umseufzte aus verschollnen Zeiten!
Doch nur mein Herz ist ihre stille Gruft,
Und meine Heil'gen, meine einst Geweihten,
Sie leben alle, wandeln allzumal –
Vielleicht zum Segen sich, doch mir zur Qual.

Das Spiegelbild

Schaust du mich an aus dem Kristall
Mit deiner Augen Nebelball,
Kometen gleich, die im Verbleichen;
Mit Zügen, worin wunderlich
Zwei Seelen wie Spione sich
Umschleichen, ja, dann flüstre ich:
Phantom, du bist nicht meinesgleichen!

Bist nur entschlüpft der Träume Hut,
Zu eisen mir das warme Blut,
Die dunkle Locke mir zu blassen;
Und dennoch, dämmerndes Gesicht,
Drin seltsam spielt ein Doppellicht,
Trätest du vor, ich weiß es nicht,
Würd' ich dich lieben oder hassen?

Zu deiner Stirne Herrscherthron,
Wo die Gedanken leisten Fron
Wie Knechte, würd' ich schüchtern blicken;
Doch von des Auges kaltem Glast,
Voll toten Lichts, gebrochen fast,
Gespenstig, würd', ein scheuer Gast,
Weit, weit ich meinen Schemel rücken.

Und was den Mund umspielt so lind,
So weich und hülflos wie ein Kind,
Das möcht' in treue Hut ich bergen;

Und wieder, wenn er höhnend spielt,
Wie von gespanntem Bogen zielt,
Wenn leis' es durch die Züge wühlt,
Dann möcht' ich fliehen wie vor Schergen.

Es ist gewiß, du bist nicht Ich,
Ein fremdes Dasein, dem ich mich
Wie Moses nahe, unbeschuhet,
Voll Kräfte, die mir nicht bewußt,
Voll fremden Leides, fremder Lust;
Gnade mir Gott, wenn in der Brust
Mir schlummernd deine Seele ruhet!

Und dennoch fühl' ich, wie verwandt,
Zu deinen Schauern mich gebannt,
Und Liebe muß der Furcht sich einen.
Ja, trätest aus Kristalles Rund,
Phantom, du lebend auf den Grund,
Nur leise zittern würd' ich, und
Mich dünkt – ich würde um dich weinen!

Durchwachte Nacht

Wie sank die Sonne glüh und schwer,
Und aus versengter Welle dann
Wie wirbelte der Nebel Heer
Die sternenlose Nacht heran! –
Ich höre ferne Schritte gehn –
Die Uhr schlägt Zehn.

Noch ist nicht alles Leben eingenickt,
Der Schlafgemächer letzte Türen knarren;
Vorsichtig in der Rinne Bauch gedrückt,
Schlüpft noch der Iltis an des Giebels Sparren.
Die schlummertrunkne Färse murrend nickt,
Und fern im Stalle dröhnt des Rosses Scharren,
Sein müdes Schnauben, bis, vom Mohn getränkt,
Sich schlaff die regungslose Flanke senkt.

Betäubend gleitet Fliederhauch
Durch meines Fensters offnen Spalt,
Und an der Scheibe grauem Rauch
Der Zweige wimmelnd Neigen wallt.
Matt bin ich, matt wie die Natur! –
Elf schlägt die Uhr.

O wunderliches Schlummerwachen, bist
Der zartren Nerve Fluch du oder Segen? –
's ist eine Nacht, vom Taue wach geküßt,
Das Dunkel fühl' ich kühl wie feinen Regen

An meine Wangen gleiten, das Gerüst
Des Vorhangs scheint sich schaukelnd zu bewegen,
Und dort das Wappen an der Decke Gips
Schwimmt sachte mit dem Schlängeln des Polyps.

Wie mir das Blut im Hirne zuckt!
Am Söller geht Geknister um,
Im Pulte raschelt es und ruckt,
Als drehe sich der Schlüssel um.
Und – horch! der Seiger hat gewacht!
's ist Mitternacht.

War das ein Geisterlaut? So schwach und leicht
Wie kaum berührten Glases schwirrend Klingen,
Und wieder wie verhaltnes Weinen steigt
Ein langer Klageton aus den Syringen,
Gedämpfter süßer nun, wie tränenfeucht
Und selig kämpft verschämter Liebe Ringen; –
O Nachtigall, das ist kein wacher Sang,
Ist nur im Traum gelöster Seele Drang.

Da kollert's nieder vom Gestein!
Des Turmes morsche Trümmer fällt,
Das Käuzlein knackt und hustet drein;
Ein jäher Windesodem schwellt
Gezweig und Kronenschmuck des Hains; –
Die Uhr schlägt Eins.

Und drunten das Gewölke rollt und klimmt;
Gleich einer Lampe aus dem Hünenmale

Hervor des Mondes Silbergondel schwimmt,
Verzitternd auf der Gasse blauem Stahle;
An jedem Fliederblatt ein Fünkchen glimmt,
Und hell gezeichnet von dem blassen Strahle
Legt auf mein Lager sich des Fensters Bild,
Vom schwanken Laubgewimmel überhüllt.

Jetzt möcht' ich schlafen, schlafen gleich,
Entschlafen unterm Mondeshauch,
Umspielt vom flüsternden Gezweig,
Im Blute Funken, Funk' im Strauch
Und mir im Ohre Melodei; –
Die Uhr schlägt Zwei.

Und immer heller wird der süße Klang,
Das liebe Lachen; es beginnt zu ziehen
Gleich Bildern von Daguerre die Deck' entlang,
Die aufwärts steigen mit des Pfeiles Fliehen;
Mir ist, als seh' ich lichter Locken Hang,
Gleich Feuerwürmern seh' ich Augen glühen,
Dann werden feucht sie, werden blau und lind,
Und mir zu Füßen sitzt ein schönes Kind.

Es sieht empor, so fromm gespannt.
Die Seele strömend aus dem Blick;
Nun hebt es gaukelnd seine Hand,
Nun zieht es lachend sie zurück;
Und – horch! des Hahnes erster Schrei! –
Die Uhr schlägt Drei.

Wie bin ich aufgeschreckt, – o süßes Bild,
Du bist dahin, zerflossen mit dem Dunkel!
Die unerfreulich graue Dämmrung quillt,
Verloschen ist des Flieders Taugefunkel,
Verrostet steht des Mondes Silberschild,
Im Walde gleitet ängstliches Gemunkel,
Und meine Schwalbe an des Frieses Saum
Zirpt leise, leise auf im schweren Traum.

Der Tauben Schwärme kreisen scheu,
Wie trunken, in des Hofes Rund,
Und wieder gellt des Hahnes Schrei,
Auf seiner Streue rückt der Hund,
Und langsam knarrt des Stalles Tür –
Die Uhr schlägt Vier.

Da flammt's im Osten auf, – o Morgenglut!
Sie steigt, sie steigt, und mit dem ersten Strahle
Strömt Wald und Heide vor Gesangesflut,
Das Leben quillt aus schäumendem Pokale,
Es klirrt die Sense, flattert Falkenbrut.
Im nahen Forste schmettern Jagdsignale,
Und wie ein Gletscher sinkt der Traume Land
Zerrinnend in des Horizontes Brand.

Sein Blut und meine brennende Lieb'

Spätes Erwachen

Wie war mein Dasein abgeschlossen,
Als ich im grün umhegten Haus
Durch Lerchenschlag und Fichtensprossen
Noch träumt' in den Azur hinaus.

Als keinen Blick ich noch erkannte,
Als den des Strahles durchs Gezweig,
Die Felsen meine Brüder nannte,
Schwester mein Spiegelbild im Teich.

Nicht rede ich von jenen Jahren,
Die dämmernd uns die Kindheit beut;
Nein, so verdämmert und zerfahren
War meine ganze Jugendzeit.

Wohl sah ich freundliche Gestalten
Am Horizont vorüberfliehn;
Ich konnte heiße Hände halten
Und heiße Lippen an mich ziehn;

Ich hörte ihres Grußes Pochen,
Ihr leises Wispern um mein Haus
Und sandte schwimmend, halbgebrochen,
Nur einen Seufzer halb hinaus.

Ich fühlte ihres Hauches Fächeln,
Und war doch keine Blume süß;

Ich sah der Liebe Engel lächeln,
Und hatte doch kein Paradies.

Mir war als habe in den Noten
Sich jeder Ton an mich verwirrt,
Sich jede Hand, die mir geboten,
Im Dunkel wunderlich verirrt.

Verschlossen blieb ich, eingeschlossen
In meiner Träume Zauberturm,
Die Blitze waren mir Genossen
Und Liebesstimme mir der Sturm.

Dem Wald ließ ich ein Lied erschallen,
Wie nie vor einem Menschenohr,
Und meine Träne ließ ich fallen,
Die heiße, in den Blumenflor.

Und alle Pfade mußt' ich fragen:
Kennt Vögel ihr und Strahlen auch?
Doch keinen: wohin magst du tragen?
Von welchem Odem schwillt dein Hauch?

Wie ist das anders nun geworden,
Seit ich ins Auge dir geblickt!
Wie ist nun jeder Welle Borden
Ein Menschenbildnis eingedrückt!

Wie fühl' ich allen warmen Händen
Nun ihre leisen Pulse nach,

Und jedem Blick sein scheues Wenden,
Und jeder schweren Brust ihr Ach!

Und alle Pfade möcht' ich fragen:
Wo zieht ihr hin? wo ist das Haus,
In dem lebend'ge Herzen schlagen,
Lebend'ger Odem schwillt hinaus?

Entzünden möcht' ich alle Kerzen
Und rufen jedem müden Sein:
Auf ist mein Paradies im Herzen,
Zieht alle, alle nun hinein!

Brennende Liebe

Und willst du wissen, warum
So sinnend ich manche Zeit,
Mitunter so töricht und dumm,
So unverzeihlich zerstreut,
Willst wissen auch ohne Gnade,
Was denn so Liebes enthält
Die heimlich verschlossene Lade,
An die ich mich öfters gestellt?

Zwei Augen hab' ich gesehn,
Wie der Strahl im Gewässer sich bricht,
Und wo zwei Augen nur stehn,
Da denke ich an ihr Licht.
Ja, als du neulich entwandtest
Die Blume vom blühenden Rain
Und »Oculus Christi« sie nanntest,
Da fielen die Augen mir ein.

Auch gibt's einer Stimme Ton,
Tief, zitternd, wie Hornes Hall,
Die tut's mir völlig zum Hohn,
Sie folget mir überall.
Als jüngst im flimmernden Saale
Mich quälte der Geigen Gegell,
Da hört' ich mit einem Male
Die Stimme im Violoncell.

Auch weiß ich eine Gestalt,
So leicht und kräftig zugleich,
Die schreitet vor mir im Wald
Und gleitet über den Teich;
Ja, als ich eben in Sinnen
Sah über des Mondes Aug'
Einen Wolkenstreifen zerrinnen,
Das war ihre Form, wie ein Rauch.

Und höre, höre zuletzt,
Dort liegt, da drinnen im Schrein,
Ein Tuch mit Blute genetzt,
Das legte ich heimlich hinein.
Er ritzte sich nur an der Schneide,
Als Beeren vom Strauch er mir hieb,
Nun hab' ich sie alle beide,
Sein Blut und meine brennende Lieb'.

Locke und Lied

Meine Lieder sandte ich dir,
Meines Herzens strömende Quellen,
Deine Locke sandtest du mir,
Deines Hauptes ringelnde Wellen;
Hauptes Welle und Herzens Flut,
Sie zogen einander vorüber;
Haben sie nicht im Kusse geruht?
Schoß nicht ein Leuchten darüber?

Und du klagest: verblichen sei
Die Farbe der wandernden Zeichen;
Scheiden tut weh, mein Liebchen, ei,
Die Scheidenden dürfen erbleichen;
Warst du blaß nicht, zitternd und kalt,
Als ich von dir mich gerissen?
Blicke sie an, du Milde, und bald,
Bald werden den Herrn sie nicht missen.

Auch deine Locke hat sich gestreckt.
Verdrossen, gleich schlafendem Kinde,
Doch ich hab' sie mit Küssen geweckt,
Hab' sie gestreichelt so linde,
Ihr geflüstert von unserer Treu',
Sie geschlungen um deine Kränze,
Und nun ringelt sie sich aufs neu'
Wie eine Rebe im Lenze.

Wenig Wochen, dann grünet der Stamm,
Hat Sonnenschein sich ergossen.
Und wir sitzen am rieselnden Damm,
Die Händ' ineinander geschlossen,
Schaun in die Welle und schaun in das Aug'
Uns wieder und wieder und lachen,
Und Bekanntschaft mögen dann auch
Die Lock' und der Liederstrom machen.

An Levin Schücking

O frage nicht, was mich so tief bewegt,
Seh' ich dein junges Blut so freudig wallen,
Warum, an deine klare Stirn gelegt,
Mir schwere Tropfen aus den Wimpern fallen.

Mich träumte einst, ich sei ein albern Kind,
Sich emsig mühend an des Tisches Borden;
Wie übermächtig die Vokabeln sind,
Die wieder Hieroglyphen mir geworden!

Und als ich dann erwacht, da weint' ich heiß,
Daß mir so klar und nüchtern jetzt zu Mute,
Daß ich so schrankenlos und überweis',
So ohne Furcht vor Schelten und vor Rute.

So, wenn ich schaue in dein Antlitz mild,
Wo tausend frische Lebenskeime walten,
Da ist es mir, als ob Natur mein Bild
Mir aus dem Zauberspiegel vorgehalten;

Und all mein Hoffen, meiner Seele Brand
Und meiner Liebessonne dämmernd Scheinen,
Was noch entschwinden wird und was entschwand,
Das muß ich Alles dann in dir beweinen.

An Levin Schücking

Kein Wort, und wär' es scharf wie Stahles Klinge,
Soll trennen, was in tausend Fäden Eins,
So mächtig kein Gedanke, daß er dringe
Vergällend in den Becher reinen Weins;
Das Leben ist so kurz, das Glück so selten,
So großes Kleinod, einmal sein statt gelten!

Hat das Geschick uns, wie in frevlem Witze,
Auf feindlich starre Pole gleich erhöht,
So wisse, dort, dort auf der Scheidung Spitze
Herrscht, König über alle, der Magnet,
Nicht fragt er, ob ihn Fels und Strom gefährde,
Ein Strahl fährt mitten er durchs Herz der Erde.

Blick' in mein Auge, – ist es nicht das deine,
Ist nicht mein Zürnen selber deinem gleich?
Du lächelst – und dein Lächeln ist das meine,
An gleicher Lust und gleichem Sinnen reich;
Worüber alle Lippen freundlich scherzen,
Wir fühlen heil'ger es im eignen Herzen.

Pollux und Kastor, – wechselnd Glühn und Bleichen,
Des einen Licht geraubt dem andern nur,
Und doch der allerfrömmsten Treue Zeichen. –
So reiche mir die Hand, mein Dioskur!
Und mag erneuern sich die holde Mythe,
Wo überm Helm die Zwillingsflamme glühte.

An denselben

Zum zweiten Male will ein Wort
Sich zwischen unsre Herzen drängen,
Den felsbewachten Erzeshort
Will eines Knaben Mine sprengen.
Sieh mir ins Auge, hefte nicht
Das deine an des Fensters Borden,
Ist denn so fremd dir mein Gesicht,
Denn meine Sprache dir geworden?

Sieh freundlich mir ins Auge, schuf
Natur es gleich im Eigensinne
Nach harter Form, muß ihrem Ruf
Antworten ich mit scharfer Stimme;
Der Vogel singt, wie sie gebeut,
Libelle zieht die farb'gen Ringe,
Und keine Seele hat bis heut'
Sie noch gezürnt zum Schmetterlinge.

Still ließ an meiner Jahre Rand
Die Parze ihre Spindel schlüpfen,
Zu strecken meint' ich nur die Hand,
Um alte Fäden anzuknüpfen,
Allein den deinen fand ich reich,
Ich fand ihn vielbewegt verschlungen,
Darf es dich wundern, wenn nicht gleich
So Ungewohntes mir gelungen?

Daß manches schroff in mir und steil,
Wer könnte, ach, wie ich es wissen!
Es ward, zu meiner Seele Heil,
Mein zweites zarteres Gewissen,
Es hat den Übermut gedämpft,
Der mich Giganten gleich bezwungen,
Hat glühend, wie die Reue kämpft,
Mit dem Dämone oft gerungen.

Doch du, das tief versenkte Blut
In meinem Herzen, durftest denken,
So wolle ich mein eignes Gut,
So meine eigne Krone kränken?
O, sorglos floß mein Wort und bunt,
Im Glauben, daß es dich ergötze,
Daß nicht geschaffen dieser Mund
Zu einem Hauch, der dich verletze.

Du zweifelst an der Sympathie
Zu einem Wesen dir zu eigen?
So sag' ich nur, du konntest nie
Zum Gletscher ernster Treue steigen,
Sonst wüßtest du, daß auf den Höhn
Das schnöde Unkraut schrumpft zusammen
Und daß wir dort den Phönix sehn,
Wo unsre liebsten Zedern flammen.

Sieh her, nicht eine Hand dir nur,
Ich reiche beide dir entgegen,
Zum Leiten auf verlorne Spur,

Zum Liebespenden und zum Segen,
Nur ehre ihn, der angefacht
Das Lebenslicht an meiner Wiege,
Nimm' mich, wie Gott mich hat gemacht,
Und leih' mir keine fremden Züge!

Die Schenke am See

An Levin Schücking

Ist's nicht ein heit'rer Ort, mein junger Freund,
Das kleine Haus, das schier vom Hange gleitet,
Wo so possierlich uns der Wirt erscheint,
So übermächtig sich die Landschaft breitet;
Wo uns ergötzt im neckischen Kontrast
Das Wurzelmännchen mit verschmitzter Miene,
Das wie ein Aal sich schlingt und kugelt fast,
Im Angesicht der stolzen Alpenbühne?

Sitz nieder! – Trauben! – und behend erscheint
Zopfwedelnd der geschäftige Pygmäe;
O sieh, wie die verletzte Beere weint
Blutige Tränen um des Reifes Nähe;
Frisch, greif in die kristallne Schale, frisch!
Die saftigen Rubine glühn und locken;
Schon fühl' ich an des Herbstes reichem Tisch
Den kargen Winter nahn auf leisen Socken.

Das sind dir Hieroglyphen, junges Blut,
Und ich, ich will an deiner lieben Seite
Froh schlürfen meiner Neige letztes Gut,
Schau her, schau drüben in die Näh' und Weite;
Wie uns zur Seite sich der Felsen bäumt,
Als könnten wir mit Händen ihn ergreifen.

Wie uns zu Füßen das Gewässer schäumt,
Als könnten wir im Schwunge drüber streifen!

Hörst du das Alphorn überm blauen See?
So klar die Luft, mich dünkt, ich seh' den Hirten
Heimzügeln von der duftbesäumten Höh' –
War's nicht, als ob die Rinderglocken schwirrten?
Dort, wo die Schlucht in das Gestein sich drängt –
Mich dünkt, ich seh den kecken Jäger schleichen;
Wenn eine Gemse an der Klippe hängt,
Gewiß, mein Auge müßte sie erreichen.

Trink aus! – die Alpen liegen stundenweit,
Nur nah die Burg, uns heimisches Gemäuer,
Wo Träume lagern lang verschollner Zeit,
Seltsame Mär' und zorn'ge Abenteuer.
Wohl ziemt es mir, in Räumen schwer und grau,
Zu grübeln über dunkler Taten Reste;
Doch du, Levin, schaust aus dem grimmen Bau
Wie eine Schwalbe aus dem Mauerneste.

Sieh drunten auf dem See im Abendrot
Die Taucherente hin und wieder schlüpfend;
Nun sinkt sie nieder wie des Netzes Lot,
Nun wieder aufwärts mit den Wellen hüpfend;
Seltsames Spiel, recht wie ein Lebenslauf!
Wir beide schaun gespannten Blickes nieder;
Du flüsterst lächelnd: immer kömmt sie auf! –
Und ich, ich denke: immer sinkt sie wieder!

Noch einen Blick dem segensreichen Land,
Den Hügeln, Auen, üpp'gem Wellenrauschen.
Und heimwärts dann, wo von der Zinne Rand
Freundliche Augen unserm Pfade lauschen;
Brich auf! – da haspelt in behendem Lauf
Das Wirtlein Abschied wedelnd uns entgegen:
»– Geruh'ge Nacht – stehn's nit zu zeitig auf! – «
Das ist der lust'gen Schwaben Abendsegen.

Verlassen, aber einsam nicht

Abschied von der Jugend

Wie der zitternde Verbannte
Steht an seiner Heimat Grenzen,
Rückwärts er das Antlitz wendet,
Rückwärts seine Augen glänzen,
Winde, die hinüber streichen,
Vögel in der Luft beneidet,
Schaudernd vor der kleinen Scholle,
Die das Land vom Lande scheidet;

Wie die Gräber seiner Toten,
Seine Lebenden, die süßen,
Alle stehn am Horizonte,
Und er muß sie weinend grüßen;
Alle kleinen Liebesschätze,
Unerkannt und unempfunden,
Alle ihn wie Sünden brennen
Und wie ewig offne Wunden:

So an seiner Jugend Scheide
Steht ein Herz voll stolzer Träume,
Blickt in ihre Paradiese
Und der Zukunft öde Räume,
Seine Neigungen, verkümmert,
Seine Hoffnungen, begraben,
Alle stehn am Horizonte,
Wollen ihre Träne haben.

Und die Jahre, die sich langsam,
Tückisch reihten aus Minuten,
Alle brechen auf im Herzen,
Alle nun wie Wunden bluten;
Mit der armen kargen Habe,
Aus dem reichen Schacht erbeutet,
Mutlos, ein gebrochner Wandrer,
In das fremde Land er schreitet.

Und doch ist des Sommers Garbe
Nicht geringer als die Blüten,
Und nur in der feuchten Scholle
Kann der frische Keim sich hüten:
Über Fels und öde Flächen
Muß der Strom, daß er sich breite,
Und es segnet Gottes Rechte
Übermorgen so wie heute.

Nach fünfzehn Jahren

Wie hab' ich doch so manche Sommernacht,
Du düstrer Saal, in deinem Raum verwacht!
Und du, Balkon, auf dich bin ich getreten,
Um leise für ein teures Haupt zu beten,
Wenn hinter mir aus des Gemaches Tiefen
Wie Hilfewimmern bange Seufzer riefen,
Die Odemzüge aus geliebtem Mund;
Ja, bitter weint' ich – o Erinnerung! –
Doch trug ich mutig es, denn ich war jung,
War jung noch und gesund.

Du Bett mit seidnem Franzenhang geziert,
Wie oft hab' deine Falten ich berührt,
Mit leiser, leiser Hand gehemmt ihr Rauschen,
Wenn ich mich beugte durch den Spalt zu lauschen,
Mein Haupt so müde, daß es schwamm wie trunken,
So matt mein Knie, daß es zum Grund gesunken!
Mechanisch löste ich der Zöpfe Bund
Und sucht' im frischen Trunk Erleichterung;
Ach, Alles trägt man leicht, ist man nur jung,
Nur jung noch und gesund!

Und als die Rose, die am Stock erblich,
Sich wieder auf die kranke Wange schlich,
Wie hab' ich an dem Pfeilertische drüben
Dem Töchterchen geringelt seine lieben
Goldbraunen Löckchen! wie ich mich beflissen,

Eh ich es führte an der Mutter Kissen!
Und gute Sitte flüstert' ich ihm ein,
Gelobte ihm die Fabel von dem Schaf
Und sieben Zicklein, wenn es wolle brav,
Recht brav und sittig sein.

Und dort die Hütte in der Tannenschlucht,
Da naschten sie und ich der Rebe Frucht,
Da fühlten wir das Blut so keimend treiben,
Als müss' es immer frisch und schäumend bleiben;
Des Überstandnen lachten wir im Hafen:
Wie ich geschwankt, wie stehend ich geschlafen;
Und wandelten am Rasenstreifen fort,
Und musterten der Stämmchen schlanke Reihn,
Und schwärmten, wie es müsse reizend sein
Nach fünfzehn Jahren dort!

O fünfzehn Jahre, lange öde Zeit!
Wie sind die Bäume jetzt so starr und breit!
Der Hütte Tür vermocht' ich kaum zu regen,
Da schoß mir Staub und wüst Geröll entgegen,
Und an dem blanken Gartensaale drüben,
Da steht 'ne schlanke Maid mit ihrem Lieben,
Die schaun sich lächelnd in der Seele Grund,
In ihren braunen Locken rollt der Wind;
Gott segne dich, du bist geliebt, mein Kind,
Bist fröhlich und gesund!

Sie aber, die vor Lustern dich gebar,
Wie du so schön, so frisch und jugendklar,

Sie steht mit Einer an des Parkes Ende
Und drückt zum Scheiden ihr die bleichen Hände,
Mit Einer, wie du nimmer möchtest denken,
So könne deiner Jugend Flut sich senken;
Sie schaun sich an, du nennst vielleicht es kalt,
Zwei starre Stämme, aber sonder Wank
Und sonder Tränenquell, denn sie sind krank,
Ach, Beide krank und alt!

Abschiedsgruß

So muß ich in die Ferne rufen
Mein Lebewohl an diesem Tag?
Was uns die Stunden gütig schufen,
Zerrinnt es wie der Wellenschlag?
Bleibt mir, für wenig kurze Stunden,
Nur noch der Trost, vom Felsgestein
Zu spähn, ob ich dein Dach gefunden,
Am grauen Turm dein Fensterlein?

Ich kann und mag es immer denken,
Dies sei vielleicht zum letzten Mal.
Bleibst du, wenn meine Schritte lenken
Sich nieder in mein heimisch Tal?
Doch, mögen Berg' und fremde Fluren
Uns trennen, nord- und südenwärts,
Glaub mir: ich folge deinen Spuren
Und bringe dir ein treues Herz.

Das Bild

I.

Sie stehn vor deinem Bild und schauen
In dein verschleiert Augenlicht,
Sie prüfen Lippe, Kinn und Brauen
Und sagen dann: »Du sei'st es nicht;
Zu klar die Stirn, zu voll die Wange,
Zu üppig in der Locken Hange,
Ein lieblich fremdes Angesicht.«

O wüßten sie es, wie ein treues
Gemüt die kleinsten Züge hegt,
Ein Zucken nur, ein flüchtig scheues,
Als Kleinod in die Seele legt;
Wie nur ein Wort, mit gleichem Klange
Gehaucht, dem Feinde selbst das bange,
Bewegte Herz entgegen trägt –

Sie würden besser mich begreifen,
Sehn deiner Locken dunkeln Hag
Sie mich mit leisem Finger streifen,
Als lüft' ich sie dem jungen Tag;
Den Flor mich breiten dicht und dichter,
Daß deiner Augen zarte Lichter
Kein Sonnenstaub verletzen mag.

Was fremd, dahin will ich nicht schauen,
Ich will nicht wissen, wo sie brennt,
Ob an der Lipp', ob an den Brauen,
Die Flamme, die dein Herz nicht kennt;
Ich will nur sehn in deine Augen,
Den einen reinen Blick nur saugen,
Der leise meinen Namen nennt.

Ihn, der wie Äther mich umflossen,
Als in der ernsten Abendzeit
Wir saßen Hand in Hand geschlossen
Und dachten Tod und Ewigkeit;
Ihn, der sich von der Sonne Schwinden
Heilig gewendet, mich zu finden,
Und lächelnd sprach: ich bin bereit.

II.

Und wär' es wahr auch, daß der Jahre Pflug
Dir Furchen in die klare Stirn getrieben,
Nicht so elastisch deiner Lippen Zug
Bezeichne mehr dein Zürnen und dein Lieben,
Wenn dichter auch die Hülle dich umschlingt,
Durch die der Strahl, der gottbeseelte, dringt:
Mir bist die immer Gleiche du geblieben.

Wenn minder stolz und edel die Gestalt,
Ich weiß in ihr die ungebeugte Seele;
Wenn es wie Nebel deinen Blick umwallt,
Ich weiß es, daß die Wolke Gluten hehle;

Und deiner weichen Stimme tiefrer Klang,
Verhallend, geisterhaft wie Wellensang,
Ich fühl' es, daß kein Liebeswort ihm fehle.

O Fluch des Alters, wenn das beßre Teil
Mit ihm dem Gottesbilde müßte weichen!
Wenn minder liebewarm ein Lächeln, weil
Der Kummer ihm gelassen seine Zeichen,
Ein Auge gütig nur, solange leicht
Und anmutsvoll die Träne ihm entschleicht,
Und ros'ge Wangen zücht'ger als die bleichen.

Und dennoch hält sie alle uns betört,
Die Form, die staubgeborne, wandelbare,
Scheint willig uns ein Ohr, das leise hört,
Kühn einer frischen Stimme Siegsfanfare;
Wir alle sehen nur des Pharus Licht,
Die Glut im Erdenschoße sehn wir nicht,
Und keiner denkt der Lampe am Altare.

III.

Ich weiß ein beßres Bild zu finden
Als jenes, das dir ferner weicht,
Wie tiefer deine Wurzeln gründen
Und reifer sich die Ähre neigt;
Ein beßres, als zu dessen Rahmen,
Wenn Jahre schwanden, Jahre kamen,
Man wie sein eigner Schatten schleicht.

Lausch' ich am Strande ob der lauen
Entschlafnen Flut mit scheuer Lust,
Wird unterm Flore dann, dem blauen,
Lebendig mir die ernste Rust,
Ich seh' am Grunde die Korallen,
Ich seh' der Fischlein goldig Wallen –
Und schaue tief in deine Brust.

Und wieder an der Grüfte Bogen
Seh' ich der Mauerflechte Stab
Mit tausend Ranken eingesogen
In des Gesteines Herz hinab,
Von Taue schwer die grünen Locken,
Leuchtwürmer in der Wimper Flocken –
Das ist dein Lieben übers Grab.

Und wenn an der Genesung Bronnen
– Im Saale tafeln Stern und Band –
Sich mittags kranke Bettler sonnen,
Begierig schlürfen überm Rand
Und emsig ihre Schalen schwenken –
Dann muß ich an dein Geben denken,
An deine warme, offne Hand.

O, jener Quell, der glüh und leise,
Ein Sprudel, deiner Brust entquillt,
Der nichts von Flocken weiß und Eise,
Mit Segen seine Steppe füllt,
Ihm kann nur gleichen, wessen Walten
Nie siechen kann und nie veralten,
Und die Natur nur ist dein Bild.

Die Bank

Im Parke weiß ich eine Bank,
Die schattenreichste nicht von allen,
Nur Erlen lassen, dünn und schlank,
Darüber karge Streifen wallen;
Da sitz' ich manchen Sommertag
Und lass' mich rösten von der Sonnen,
Rings keiner Quelle Plätschern wach,
Doch mir im Herzen springt der Bronnen.

Dies ist der Fleck, wo man den Weg
Nach allen Seiten kann bestreichen,
Das staub'ge Gleis, den grünen Steg
Und dort die Lichtung in den Eichen:
Ach manche, manche liebe Spur
Ist unterm Rade aufgeflogen!
Was mich erfreut, bekümmert, nur
Von drüben kam es hergezogen.

Du frommer Greis im schlichten Kleid,
Getreuer Freund seit zwanzig Jahren,
Dem keine Wege schlimm und weit,
Galt es den heil'gen Dienst zu wahren;
Wie oft sah ich den schweren Schlag
Dich drehn mit ungeschickten Händen,
Und langsam steigend nach und nach
Dein Käppchen an des Dammes Wänden.

Und du in meines Herzens Grund,
Mein lieber schlanker blonder Junge,
Mit deiner Büchs' und braunem Hund,
Du klares Aug' und muntre Zunge,
Wie oft hört' ich dein Pfeifen nah',
Wenn zu der Dogge du gesprochen;
Mein lieber Bruder warst du ja,
Wie sollte mir das Herz nicht pochen?

Und Manches, was die Zeit verweht,
Und Manches, was sie ließ erkalten,
Wie Bankos Königsreihe geht
Und trabt es aus des Waldes Spalten.
Auch was mir noch geblieben und
Was neu erblüht im Lebensgarten,
Der werten Freunde heitren Bund
Von drüben muß ich ihn erwarten.

So sitz' ich Stunden wie gebannt,
Im Gestern halb und halb im Heute,
Mein gutes Fernrohr in der Hand
Und lass' es streifen durch die Weite.
Am Damme steht ein wilder Strauch,
O, schmählich hat mich der betrogen!
Rührt ihn der Wind, so mein' ich auch,
Was Liebes komme hergezogen!

Mit jedem Schritt weiß er zu gehn,
Sich anzuformen alle Züge;
So mag er denn am Hange stehn,

Ein wert Phantom, geliebte Lüge;
Ich aber hoffe für und für,
So fern ich mich des Lebens freue,
Zu rösten an der Sonne hier,
Geduld'ger Märtyrer der Treue.

Im Grase

Süße Ruh', süßer Taumel im Gras,
Von des Krautes Arome umhaucht,
Tiefe Flut, tief tief trunkne Flut,
Wenn die Wolk' am Azure verraucht,
Wenn aufs müde, schwimmende Haupt
Süßes Lachen gaukelt herab,
Liebe Stimme säuselt und träuft
Wie die Lindenblüt' auf ein Grab.

Wenn im Busen die Toten dann,
Jede Leiche sich streckt und regt,
Leise, leise den Odem zieht,
Die geschloßne Wimper bewegt,
Tote Lieb', tote Lust, tote Zeit,
All die Schätze, im Schutt verwühlt,
Sich berühren mit schüchternem Klang
Gleich den Glöckchen, vom Winde umspielt.

Stunden, flüchtger ihr als der Kuß
Eines Strahls auf den trauernden See,
Als des ziehenden Vogels Lied,
Das mir nieder perlt aus der Höh',
Als des schillernden Käfers Blitz,
Wenn den Sonnenpfad er durcheilt,
Als der heiße Druck einer Hand,
Die zum letzten Male verweilt.

Dennoch, Himmel, immer mir nur
Dieses Eine mir: für das Lied
Jedes freien Vogels im Blau
Eine Seele, die mit ihm zieht,
Nur für jeden kärglichen Strahl
Meinen farbig schillernden Saum,
Jeder warmen Hand meinen Druck,
Und für jedes Glück meinen Traum.

Mondesaufgang

An des Balkones Gitter lehnte ich
Und wartete, du mildes Licht, auf dich.
Hoch über mir, gleich trübem Eiskristalle,
Zerschmolzen schwamm des Firmamentes Halle;
Der See verschimmerte mit leisem Dehnen,
Zerfloßne Perlen oder Wolkentränen? –
Es rieselte, es dämmerte um mich,
Ich wartete, du mildes Licht, auf dich.

Hoch stand ich, neben mir der Linden Kamm,
Tief unter mir Gezweige, Ast und Stamm;
Im Laube summte der Phalänen Reigen,
Die Feuerfliege sah ich glimmend steigen,
Und Blüten taumelten wie halb entschlafen;
Mir war, als treibe hier ein Herz zum Hafen,
Ein Herz, das übervoll von Glück und Leid
Und Bildern seliger Vergangenheit.

Das Dunkel stieg, die Schatten drangen ein –
Wo weilst du, weilst du denn, mein milder Schein? –
Sie drangen ein, wie sündige Gedanken,
Des Firmamentes Woge schien zu schwanken,
Verzittert war der Feuerfliege Funken,
Längst die Phaläne an den Grund gesunken,
Nur Bergeshäupter standen hart und nah.
Ein finstrer Richterkreis, im Düster da.

Und Zweige zischelten an meinem Fuß
Wie Warnungsflüstern oder Todesgruß;
Ein Summen stieg im weiten Wassertale
Wie Volksgemurmel vor dem Tribunale;
Mir war, als müsse etwas Rechnung geben,
Als stehe zagend ein verlornes Leben,
Als stehe ein verkümmert Herz allein,
Einsam mit seiner Schuld und seiner Pein.

Da auf die Wellen sank ein Silberflor,
Und langsam stiegst du, frommes Licht, empor;
Der Alpen finstre Stirnen strichst du leise,
Und aus den Richtern wurden sanfte Greise,
Der Wellen Zucken ward ein lächelnd Winken,
An jedem Zweige sah ich Tropfen blinken,
Und jeder Tropfen schien ein Kämmerlein,
Drin flimmerte der Heimatlampe Schein.

O, Mond, du bist mir wie ein später Freund,
Der seine Jugend dem Verarmten eint,
Um seine sterbenden Erinnerungen
Des Lebens zarten Widerschein geschlungen,
Bist keine Sonne, die entzückt und blendet,
In Feuerströmen lebt, im Blute endet –
Bist, was dem kranken Sänger sein Gedicht,
Ein fremdes, aber o! ein mildes Licht.

Am Turme

Ich steh' auf hohem Balkone am Turm,
Umstrichen vom schreienden Stare,
Und lass' gleich einer Mänade den Sturm
Mir wühlen im flatternden Haare;
O wilder Geselle, o toller Fant,
Ich möchte dich kräftig umschlingen,
Und, Sehne an Sehne, zwei Schritte vom Rand
Auf Tod und Leben dann ringen!

Und drunten seh' ich am Strand, so frisch
Wie spielende Doggen, die Wellen
Sich tummeln rings mit Geklaff und Gezisch
Und glänzende Flocken schnellen.
O, springen möcht' ich hinein alsbald,
Recht in die tobende Meute,
Und jagen durch den korallenen Wald
Das Walroß, die lustige Beute!

Und drüben seh' ich ein Wimpel wehn
So keck wie eine Standarte,
Seh' auf und nieder den Kiel sich drehn
Von meiner luftigen Warte;
O, sitzen möcht' ich im kämpfenden Schiff,
Das Steuerruder ergreifen
Und zischend über das brandende Riff
Wie eine Seemöve streifen.

Wär' ich ein Jäger auf freier Flur,
Ein Stück nur von einem Soldaten,
Wär' ich ein Mann doch mindestens nur,
So würde der Himmel mir raten;
Nun muß ich sitzen so fein und klar,
Gleich einem artigen Kinde,
Und darf nur heimlich lösen mein Haar
Und lassen es flattern im Winde!

Lebt wohl

Lebt wohl, es kann nicht anders sein!
Spannt flatternd eure Segel aus,
Laßt mich in meinem Schloß allein,
Im öden geisterhaften Haus.

Lebt wohl und nehmt mein Herz mit euch
Und meinen letzten Sonnenstrahl;
Er scheide, scheide nur sogleich,
Denn scheiden muß er doch einmal.

Laßt mich an meines Seees Bord,
Mich schaukelnd mit der Wellen Strich,
Allein mit meinem Zauberwort,
Dem Alpengeist und meinem Ich.

Verlassen, aber einsam nicht,
Erschüttert, aber nicht zerdrückt,
Solange noch das heil'ge Licht
Auf mich mit Liebesaugen blickt.

Solange mir der frischen Wald
Aus jedem Blatt Gesänge rauscht,
Aus jeder Klippe, jedem Spalt
Befreundet mir der Elfe lauscht.

Solange noch der Arm sich frei
Und waltend mir zum Äther streckt
Und jedes wilden Geiers Schrei
In mir die wilde Muse weckt.

Nachwort

»Du der Distel mystische Rose
Strecke nicht deine Fäden aus
Mich umschlingend so lind und lose.«

I.

»Als noch das Paradies erschlossen war ...« – mädchenhaft schwärmerische Gedichte, die Zeit der jungen Liebe beschwörend, und Gedichte, darin sich die Droste, nach einer großen Liebesenttäuschung, in einen Traumorient sehnt, eröffnen diese Auswahl. Die Droste phantasiert sich als Schehrezâd, die um ihr Leben erzählt, und zugleich als grausamen König Schehrijâr, mit Goethes *West-östlichem Divan* als Zauberteppich, ins Traumreich von Tausendundeiner Nacht: »Wie Augen deine Sterne«.

Dieser unbeschwerten Zeit folgt der Kältesturz. Die Dichterin gerät ins Magnetfeld zweier Männer, sie ist hin- und hergerissen zwischen Heinrich Straube und August von Arnswaldt: »Ich hatte Arnswaldt sehr lieb, aber auf eine andere Art als Straube. Straubens Liebe verstand ich lange nicht, und dann rührte sie mich unbeschreiblich, und ich hatte ihn wieder so lieb, daß ich ihn hätte aufessen mögen. Aber wenn Arnswaldt mich nur berührte, so fuhr ich zusammen ...«

Jedoch nicht die Droste spielt die beiden Männer gegeneinander aus, sondern die beiden spielen mit der Droste und rufen auf Gut Bökerhof einen veritablen Skandal hervor, der innerhalb der adligen Verwandtschaft weite

Kreise zieht und ihr Ort und Art dieser Liebe auf Jahre verleidet. Die kaum erwachten Triebe erfrieren für die Droste: »In der Nacht ist Schnee gefallen, eine dichte Decke, die Blumen und die Schmetterlinge, die es schon gab, müssen alle erfrieren. Das ist ein perfider Streich von unserem Herrgott.«

August von Arnswaldt schreibt später an Heinrich Straube, er wünsche sich, um Annette für ihre Unentschlossenheit zu strafen, »nur die Kraft, vor ihr niederfahren zu können wie ein Blitz aus heiterem Himmel, und eine Waffe in der Hand des Höchsten zu sein«.

Im Bild der Taxuswand auf Gut Bökerhof: »Mein Paradiesestor, / Dahinter alles Blume, / Und alles Dorn davor ...« bannt sie achtzehn Jahre später ihre Liebeskatastrophe im Gedicht. In einem Brief an Elise Rüdiger beklagt sie sich über die Behandlung durch den Bökendorfer Kreis, besonders durch Wilhelm Grimm: »Glauben Sie mir, wir (sämtlichen Kusinen haxthausischer Branche) waren arme Thiere, die ums liebe Leben kämpften, und namentlich Wilhelm Grimm hat mir durch sein Misfallen jahrelang den bittersten Hohn und jede Art von Zurücksetzung bereitet, so daß ich mir tausendmahl den Tod gewünscht habe. – Ich war damals sehr jung, sehr trotzig und sehr unglücklich und that was ich konnte um mich durchzuschlagen.«

Nach dieser Episode gibt es im Leben der Droste schwärmerische Freundschaften: sie findet sich in gleichaltrigen und jüngeren Frauen wieder. Dies kulminiert in Spiegelbild- und Doppelgängerphantasien. So bleibt die Dichterin etwa ihrer Jugendfreundin Amalie Hassenpflug ein Leben lang verbunden. Sie liegt neben der Droste auf der Meersburg begraben.

Von pädagogischem Eros erfüllt ist die Beziehung der Droste zu der jungen Engländerin Philippa Pearsall: »Um dich, Philippa, spielt das Licht. / Dich hat der Morgenhauch umgeben.«

Über ihre Jugendfreundin Elise Rüdiger äußert sich die Droste: »Sie ist seelengut; (…) und ich glaube auch nie eine Freundin so, ohne Schwärmerei, herzlich und wie mein eigen Blut geliebt zu haben; und von ihr glaube ich das gleiche zu empfangen.« Die Droste spricht Elise an als »mein anderes Ich, oder vielmehr meine abhanden gekommene Hälfte, da Sie grade Alles haben, was mir fehlt«.

Früh verehrt sie auch in Katharina Schücking die Frau und die Dichterin: »So interessiert es mich doppelt, so wie alles, was von diesem herrlichen und seltenen Weibe kommt, zu der ich eine so eigene und innige Hinneigung fühle, daß ich sie bei unserer geringen Bekanntschaft durch ihre mannigfaltigen schönen und anziehenden Eigenschaften kaum erklären kann.«

II.

Der Höhepunkt im Liebesleben der Droste wird jedoch ihre Beziehung zum 18 Jahre jüngeren Levin Schücking sein, dem Sohn der inzwischen verstorbenen Katharina Schücking. Als sie Katharinas Sohn Levin unter ihre Fittiche nimmt, glaubt sie: »Zu strecken meint ich nur die Hand, um alte Fäden anzuknüpfen.«

Bevor die beiden zusammenkommen, schwärmen Elise

Rüdiger und Levin füreinander. Die Droste, anfangs beider »Mütterchen«, weiß den jungen Mann bald in ihren Bann zu ziehen.

Um dies ins Werk zu setzen, arrangiert sie, daß Levin bei ihrem Schwager Laßberg auf der Meersburg am Bodensee Bibliothekar wird. Dort – fern von den Argusaugen ihrer Mutter – lebt die Droste inzwischen selbst. Auf der Meersburg wird Levin ihren Gedichtband, der 1844 bei Cotta erscheint, lektorieren.

Im Spiel erhält Levin von der Droste den Kosenamen »Mein kleines Pferd«. Die Bedeutung dieses Namens haben die beiden als ihr Geheimnis mit ins Grab genommen. Was auch immer mitschwingen mag, so spiegelt sich darin doch das Aufeinanderangewiesensein dieser in Liebe übergegangenen Arbeit wider: Das »kleine Pferd« käme ohne Reiterin, die es führt, nicht ins Ziel, die Reiterin nicht ohne Pferd.

Levin profitiert, später ein Hauptgrund ihres Bruches, stofflich von der Droste, die Droste von Levins Umtriebigkeit dem »Literaturbetrieb« gegenüber.

Vor allem jedoch zehrt sie von seiner aufrichtigen Bewunderung: »Les ich vom Freiligrath, vom Dingelstedt, so ist's etwa, als wenn ich etwas läse, was ich mir verwandt, mir ebenbürtig fühle – es kann mich wohl überraschen, aber nicht mir den Eindruck des *Tiefen* und *Gediegenen*, mit wunderbarer Intuition auf einem fremden Felde Gepflückten machen, was Poesien von Shakespeare, W. Scott (Byron nicht, Coleridge zuweilen) und von Ihnen für mich haben. Ich muß dabei bleiben, sie sind classisch, Ihre Gedichte.«

Levin erkennt, durch sein Sensorium für die ureigene Qualität der Droste als Dichterin, auch die Frau in ihr: ein Schaffensrausch ohnegleichen ist die Folge, ihre schönsten Gedichte sind die Früchte dieser Begegnung.

>Wie ist das anders nun geworden,
Seit ich in's Auge dir geblickt,
Wie ist nun in jeder Welle Borden
Ein Menschenbildnis eingedrückt!<

III.

Später nimmt Levin Schücking, um der Dominanz der Droste in seinem Leben und Schreiben zu entrinnen, eine ihm von Freiligrath vermittelte Hauslehrerstelle beim Fürsten Wrede (über dessen lasterhaftes Leben sich die Droste erbost) an – und er verlobt sich schriftlich, ohne sie gesehen zu haben, mit der gleichfalls dichtenden Louise von Gall.

Daß die Droste Patin von Levins und Louises Sohn Lothar werden soll, kann sie in keiner Weise versöhnen. Noch weniger ein Besuch des Paares im Mai 1844 auf der Meersburg, der zum Fiasko wird.

Dann erscheint 1846, kurz vor den Erhebungen des Jahres 1848, Levin Schückings Schlüsselroman *Die Ritterbürtigen*.

Dieses Buch, in dem Levin den reaktionären Kastengeist und die borniere Arroganz des westfälischen Adels aufs Korn nimmt und das überdies vor Interna strotzt, die die Droste zur Zeit ihrer Beziehung zu Levin wohl hatte durchsickern lassen, markiert den endgültigen Bruch zwischen den beiden.

Trost findet sie nun in der Natur: auch in der angeschauten Natur (im Gegensatz zur allegorischen wie bei den Romantikern). Eine Vorliebe, welche sie, die immer den Geologenhammer zur Hand hatte, mit Goethe und Stifter teilt. Eine untergründige Spiritualität – trotz der wohlgrundierten naturwissenschaftlichen Kenntnisse – zeichnet diese Liebe aus: Sie umschließt Flora und Fauna ebenso wie die Toten.

»Verschlossen blieb ich, eingeschlossen / In meiner Träume Zaubersturm, / Die Blitze waren mir Genossen / Und Liebesstimme mir der Sturm. / Und wie Blutes Adern umschlingen mich / Meine Wasserfäden und Moose … / Spracht aus der Elemente Streit / Ihr nicht von einer Ewigkeit?«

Jedes angeschaute Blatt, jeder beschworene Grashalm, jede berührte Blume: »Liebesseufzer stöhnet die Rose« – gilt ihr auch als magisches Zeichen.

IV.

Heute, am Todestag der Droste, bei Hereinbruch der Nacht am Stehpult, muß ich, damit nicht all mein Geschriebenes abstürzt durch Blitzschlag, mein Notebook ausschalten. Jetzt kommt das Gewitter doch noch! Im dunkelnden Raum sehe ich, wie ein Blitz lotrecht herabpfeilt, sich über dem Wald rings um die Sandgrube verzweigt und sich im Steinteich spiegelt.

Die Gestalt des Blitzes – eine Distel aus Gold: mit Wurzeln im Himmel, der für Bruchteile einer Sekunde taubengrau aufleuchtet.

»Wenn aus dem Grabe die Distel quillt,
Dann zuckt mein längst zerfallenes Bild
Wohl einmal durch deinen Traum!«

Hendelmühl, im Mai 2002

Alphabetisches Verzeichnis
der Gedichtüberschriften und -anfänge

Inhaltsverzeichnis

O Nacht, du goldgesticktes Zelt!

Als das Paradies noch erschlossen war

Um dich, Philippa, spielt das Licht

Sein Blut und meine brennende Lieb'

Verlassen, aber einsam nicht

Die schönsten Liebesgedichte
im insel taschenbuch
Eine Auswahl

Anna Achmatowa
Liebesgedichte
Ausgewählt von Olaf Irlenkäuser
Übertragen von Alexander Nitzberg
it 2946. 113 Seiten

Jane Austen
Über die Liebe
Ausgewählt von Felicitas von Lovenberg
it 3261. 120 Seiten

Elizabeth Barrett-Browning
Liebesgedichte
Ausgewählt von Felicitas von Lovenberg
it 3187. 112 Seiten

Bertolt Brecht
Liebesgedichte
Ausgewählt von Werner Hecht
it 2824. 117 Seiten

Paul Celan
Liebesgedichte
Ausgewählt von Joachim Seng
it 2945. 104 Seiten

Annette von Droste-Hülshoff
Liebesgedichte
Ausgewählt von Werner Fritsch
it 2876. 126 Seiten

Johann Wolfgang Goethe
Liebesgedichte
Ausgewählt von Karl Eibl
it 2825. 108 Seiten

Heinrich Heine
Liebesgedichte
Ausgewählt von Thomas Brasch
it 2822. 96 Seiten

Hermann Hesse
Liebesgedichte
Ausgewählt von Volker Michels
it 2826. 116 Seiten

Hermann Hesse
Nur wer liebt, ist lebendig
Herausgegeben und mit einem Nachwort
von Volker Michels
it 3227. 124 Seiten

Indische Liebesgedichte
Übertragen von Friedrich Rückert
Mit einem Nachwort von Martin Kämpchen
it 3173. 143 Seiten

Mascha Kaléko
Liebesgedichte
Herausgegeben von Elke Heidenreich.
it 3263. 138 Seiten

Marie Luise Kaschnitz
Liebesgedichte
Ausgewählt von Elisabeth Borchers
it 3123. 123 Seiten

NF 69/3/2.07

NF 69/4/2.07

Klassische deutsche Literatur
im insel taschenbuch
Eine Auswahl

Der Kanon. Die deutsche Literatur. Herausgegeben von
Marcel Reich-Ranicki.
- Erzählungen. 10 Bände und ein Begleitband im Schuber.
  5700 Seiten
- Romane. 20 Bände im Schuber. 8112 Seiten
- Dramen. 8 Bände und ein Begleitband im Schuber. 4500 Seiten

Annette von Droste-Hülshoff
- Der Distel mystische Rose. Gedichte und Prosa. Ausge-
  wählt von Werner Fritsch. it 2193. 170 Seiten
- Die Judenbuche. Ein Sittengemälde aus dem gebirgichten
  Westfalen. Mit Illustrationen von Max Unold.
  it 399. 128 Seiten. it 3096. 108 Seiten
- Liebesgedichte. Ausgewählt von Werner Fritsch.
  it 2876. 136 Seiten
- Sämtliche Erzählungen. Herausgegeben von Manfred
  Häckel. it 1521. 234 Seiten
- Sämtliche Gedichte. Nachwort von Ricarda Huch.
  it 1092. 750 Seiten

Theodor Fontane
- Briefe an Georg Friedlaender. Herausgegeben und mit
  einem Nachwort von Walter Hettche. Mit einem Essay von
  Thomas Mann. it 1565. 486 Seiten
- Effi Briest. Mit 21 Lithographien von Max Liebermann.
  it 138 und it 2811. 354 Seiten
- Ein Leben in Briefen. Ausgewählt und herausgegeben von
  Otto Drude. it 540. 518 Seiten
- Ein Sommer in London. Mit einem Nachwort von Harald
  Raykowski. it 1723. 252 Seiten